ALPHABET
CHRÉTIEN
OU
RÈGLEMENT
POUR LES ENFANTS
QUI FRÉQUENTENT LES ÉCOLES CHRÉTIENNES

LIMOGES
ANCIENNE MAISON BARBOU FRÈRES
Charles BARBOU
IMPRIMEUR-ÉDITEUR
Avenue du Crucifix

(3)

A B C D
E F G H I
J K L M N
O P Q R S T
U V X Y Z
Æ OE

✼ a b c d
e f g h i j k
l m n o p q
r s t u v x y
z æ œ ff fi
ffi ff ffl.

(5)

Ba be bi bo bu
Ca ce ci co cu
Da de di do du
Fa fe fi fo fu
Ga ge gi go gu
La le li lo lu
Ma me mi mo mu
Na ne ni no nu
Pa pe pi po pu
Qua que qui quo qu

Ra　re　ri　ro　ru
Sa　se　si　so　su
Ta　te　ti　to　tu
Va　ve　vi　vo　vu
Xa　xe　xi　xo　xu
Za　ze　zi　zo　zu

---

an : on : un : or
et : au : s'y : est
lui : pas : loi : jeu

air : mur : nous
mais : vous : fil
point : temps
dans : pour : dix
corps : main
dent : pied : le
point : tour : la
long : haut : les
banc : bois : du
cent : deux : si

a - me : pè - re : an-
ge : tê - te : heu - re
pa - ge : en - fer : es-
prit : com - me
beau - coup : em-
ploi : pre - mier
clas - se : li - vre
ta - ble : se - cond
pren - dre : a - mi
ciel : tré - sor

sain - te : mê - me
vil - le : ap - pel
se - cours : gla - ce
fau - te : dé - faut
ver - tu : fi : xer
Mes - se : si - gnal
gout - te : e - xil
lar - me : ar - bre
ha - ïr : dé - cret
sal - le : ai - mer

Pa-ra-dis : é-co-le : A - pô - tre é - toi - le : E - gli-se : dis - ci - ple o - rai - son : doc-tri - ne : pa-ro-le pen - sion - nou-vel-le : vil-la-ge fa-mil-le : Sain-te Vier-ge.

✝ Au nom du Père, et du Fils, et du Saint-Esprit. Ainsi soit-il.

L'Oraison Dominicale.

No - tre : Père qui : ê - tes : aux cieux : que : vo - tre : nom : soit sanc - ti - fié : que vo-tre : rè-gne : ar-ri-ve : que : vo-tre

vo - lon - té : soit
fai-te : en : la : ter-
re : com-me : au
ciel : don - nez-
nous : au - jour-
d'hui : no - tre
pain : quo - ti -
dien : et : nous
par-don-nez : nos
of - fen - ses : com - me

nous : par - don-
nons : à : ceux : qui
nous : ont : of-
fen - sés : et : ne
nous : lais - sez
pas : suc - com-
ber : à : la : ten-
ta-tion : mais : dé-
li - vrez - nous : du
mal. : Ain-si : soit-il

La Salutation Angélique.

Je : vous : sa-lue : Ma - rie plei-ne : de : grâ-ces : le : Sei-gneur est : a-vec : vous vous : ê-tes : bé-nie : en-tre : tou-tes : les : fem-mes et : Jé - sus : le fruit : de : vos : en- trail-les : est : béni. Sain-te : Ma - rie, Mè-re : de : Dieu pri - ez : pour nous : pau - vres pé-cheurs : main- te - nant : et : à l'heu-re : de : no-tre mort. : Ain - si soit-il.

Le Symbole des Apotres.

Je - crois : en Dieu : le : Pè - re tout - puis - sant cré - a - teur : du ciel : et : de : la : ter - re : et : en : Jé-sus-

Christ : son : Fils u-ni-que : no-tre Sei - gneur : qui a : été : con-çu : du Saint - Es - prit est : né : de : la Vier - ge : Ma - rie a : souf-fert : sous Pon - ce : Pi - la - te a : é - té : cru - ci - fié

est : mort : et : a
été : en-se-ve-li
qui : est : des-cen-
du : aux : en-fers
et : le : troi-siè-me
jour : est : res-sus-
ci-té : des : morts
est : mon-té : aux
Cieux : est : as-sis
à : la : droi-te : de

Dieu : le : Pè-re tout - puis - sant d'où : il : vien-dra ju-ger : les : vi-vants et : les : morts. : Je crois : au : Saint-Es-prit : la : sain-te : E-gli-se : ca-tho - li - que : la com - mu - ni - on des : Saints : la ré-mis-sion : des pé-chés : la : ré-sur-rec-tion : de la : chair : la : vie é-ter-nel-le.

Ain-si : soit-il.

La Confession des Péchés.

Je : con-fes-se à : Dieu : tout -

puis-sant : à : la bien-heu-reu-se Ma-rie : tou-jours Vier-ge : à : saint Mi-chel : Ar-chan-ge : à : saint Jean-Bap-tis-te aux : a-pô-tres saint : Pier-re : et saint : Paul : à tous : les : Saints et : à : vous : mon Pè-re : que : j'ai beau - coup : pé-ché : par : pen-sées : par : pa-ro-les : par : ac-tions et : par : o - mis-sions : c'est : ma fau-te : c'est : ma fau-te : c'est : ma très - gran - de faute. : C'est pour - quoi : je sup-plie : la : bien-heu-reu-se : Marie tou-jours : Vierge : saint : Mi-chel : Ar-chan-ge saint : Jean-Bap-tis-te : les : A-pô-tres : saint : Pierre : et : saint : Paul et : tous : les : Saints et : vous : mon Pè-re : de : pri-er pour : moi : le Sei - gneur : no-tre : Dieu.

Que : le : Dieu

tout - puis - sant
nous : fas-se : mi-
sé-ri-cor-de : qu'il
nous : par - don-
ne : nos : pé-chés
et : nous : con-dui-
se : à : la : vie : é-ter-
nel - le. : Ain - si
soit - il.

Que : le : Seigneur : tout-puis-sant : et : mi-sé-ri-cor - dieux : nous ac - cor - de : l'in-dul-gen-ce : l'ab-so-lu-tion : et : la ré - mis - sion : de nos : pé - chés. Ain-si : soit - il.

ACTES DES VERTUS THÉOLO-
GALES.

Acte de foi.

Mon : Dieu : je crois : fer - me - ment : tout : ce que : la : sain - te E-gli-se : ca - tho - li-que : a-pos-to-li-que : et : ro-mai-ne : m'or - donne : de : croi - re par-ce : que : c'est vous : ô : vé-ri-té in-fail-li-ble! : qui le : lui : a-vez : ré-vé-lé.

Acte d'Espérance.

Mon : Dieu j'es-pè-re : a-vec u-ne : fer-me : con-fi - an - ce : que vous : me : don-ne-rez : par : les mé-ri-tes : de : Jé-sus - Christ : vo-tre : grâ-ce : en : ce mon - de : et : si j'ob-ser-ve : vos Com - man - de-ments : vo - tre gloi-re : en : l'au-

tre : par-ce : que
vous : me : l'a-vez
pro-mis : et : que
vous : êtes : sou-
ve-rai-ne-ment
fi-dè-le : dans:vos
pro-mes-ses.

Acte de Charité.

Mon : Dieu : je
vous : ai-me : de

tout : mon : cœur
de : tout : mon : es-
prit : de : tou - te
mon : â-me : et : de
tou-tes : mes : for-
ces : par - des - sus
tou - tes : cho - ses
par-ce : que : vous
ê - tes : in - fi - ni-
ment : bon : et : in-

fi - ni - ment : ai-
ma - ble : et : j'ai-
me : mon : pro-
chain : com - me
moi : mê - me
pour : l'a-mour : de
vous.

Acte de Contrition.

Mon : Dieu : j'ai
un : extrê-me : re-

gret : de : vous a-voir : of-fen-sé par-ce : que : vous ê-tes : in-fi-ni-ment : bon : in-fi-ni-ment : ai-ma-ble : et : que le : pé-ché : vous dé-plaît : par-don-nez - moi par : les : mé-ri-tes : de : Jé-sus-Christ : je : me pro-po-se : mo-yen-nant : vo-tre sain-te : grâ-ce de : ne : plus : vous of-fen-ser : et : de fai-re : pé-ni-ten-ce.

AVIS

A UN ENFANT CHRÉTIEN.

1. Re tour nez : de l'É-co le : à : la : Mai son sans : vous : ar rê ter par : les : rues : mo des-te ment : c'est-à-di re sans : cri er : ni : of fen-ser : per son ne : Au con trai re : si l'on vous : in ju rie : et : of-fen se : en du rez - le

pour : l'a mour : de : Notre : Sei gneur : et : di-
tes : en : vous – même
Dieu : vous : don ne : la
grâ ce : de : vous : re-
pen tir : de : vo tre : fau-
te : et : vous : par : donne : com me : je : vous
par don ne.

2. Gar dez – vous
bien : de ju rer : de
vous : met tre : en : co-
lè re : de : dire : des
pa ro les : sa les : de

fai re : au cu ne : ac tion dés hon nê te.

3. Quand : vous : pas-sez : de vant : quel que Croix : ou : quel que I ma ge : de : no tre : Sei-gneur : de : la : Très-Sain te : Vier ge : ou : des Saints : fai tes : u ne res-pec tu eu se : in cli na-tion.

4. Quand : vous : ren-con tre rez : quel que per son ne : de : vo tre

con nais san ce : sa lu ez-
la : le : pre mier : par ce
que : c'est : u ne : ac tion
d'hu mi li té.

5. Sa lu ez : les : per-
son nes : que : vous : ren-
con tre rez : se lon : la
cou tu me : du : lieu : et
l'ins truc tion : qu'on : vous
au ra : don née.

6. Quand : vous : en-
tre rez : chez : vous ou
dans : quel que : autre
mai son : sa luez : ceux

que : vous : y : trou ve rez.

7. Quand : vous : fe- rez : quel que : ac tion fai tes : dé vo te ment le : si gne : de la sain te Croix : a vec : in ten tion de : fai re : au : nom : de Dieu : et : pour : sa : gloi- re : ce que : vous : al lez fai re.

8. Quand : vous : par- lez : a vec : des : per- son nes : de : con si dé- ra tion : ré pon dez

hum ble ment : oui : Monsieur : oui : Ma da me non : Mon sieur : etc : se lon : qu'on : vous : in ter ro ge ra.

9. Si : ceux : qui ont pou voir : sur : vous vous : com man dent quel que : cho se : qui soit : hon nê te : et : que vous : puis siez : faire o bé is sez – leur : vo lon tiers : et : promp te ment.

10. Si : l'on : vous com man dait : de : dire quel que : pa ro le : ou de : fai re : quel que : ac- tion : mau vai se : ré pon- dez : que : vous : ne : le pou vez : point : fai re d'au tant : que : ce la : dé- plaît : à : Dieu.

11. Quand : vous : vou- drez : man ger : la vez- vous : pre miè re ment les : mains : puis : di- tes : le : BE NE DI CI TE

ou : au tre : Bé né dic-
tion : a vec : pié té : et
mo des tie.

12. Lors que : vous
vou drez : boi re : pro-
non cez : tout bas : le
saint : nom : de Jé sus.

13. Tou tes : les : fois
que : vous : nom me rez
ou : en ten drez : nom-
mer : Jé sus : ou : Ma rie,
vous : fe rez : u ne : in-
cli na tion : res pec tu-
eu se.

14. Gar dez vous : bi en à : ta ble : ou : ail leurs de : de man der : de pren dre : et : de : sous- trai re : en : ca chet te ou : au tre ment : ce qu'on : au ra : ser vi : et mê me : vous : ne : le : de vez pas re gar der : a vec en vie.

15. Quand : on : vous don ne ra : quel que cho se : re ce vez le a vec : res pect : et : re-

mer ciez : ce lui : ou cel le : qui : vous : l'au ra don né.

16 Ne : vous : as se yez point : à ta ble : si : l'on ne : vous : y : in vi te.

17. Man gez : et : bu-vez : dou ce ment : et hon nê te ment : sans : a-vi di té : et sans : ex cès.

18. A : la : fin : de : cha-que : re pas : di tes : dé-vo te ment : les : Grâ-ces : en sui te : sa lu ez

res pec tu eu se ment : les per son nes : a vec : les-quel les : vous : a vez pris : vo tre : re pas : et re mer ciez : ceux : qui vous : a vaient : in vi té.

19. Ne : sor tez pas de : vo tre : mai son : sans en : de man der : et : sans en : a voir : ob te nu : la per mis sion.

20. N'al lez : point avec : les : en fants : vi-cieux : et : mé chants

car : ils : peu vent : vous nui re : pour : le : corps et : pour : l'âme.

21. Quand : vous : au- rez : em prun té : quel- que : cho se : ren dez – le au : plus tôt : et : n'at ten- dez : pas : qu'on : vous le : de man de.

22. Lors que : vous au rez : à : par ler : à quel que : per son ne : d'au to ri té : qui : se ra oc cu pée : pré sen tez-

vous : a vec : res pect
et : at ten dez : quel le
ait : le : loi sir : de : vous
par ler : et : qu'el le
vous : de man de : ce
que : vous : lui : vou-
lez.

23. Si : quel qu'un : vous
re : prend : ou : vous
don ne : quel que : a-
ver tis se ment : re mer-
ciez – le : a vec hu mi-
li té.

24. Ne : tu to yez

per son ne : non pas mê me : les ser vi teurs les : ser van tes : et les pau vres.

25. Al lez : au − de vant de : ceux : qui : en trent chez : vous : pour : les sa lu er.

26. Si : quel qu'un de : ceux : de : la : mai-son : ou : au tre : dit : ou fait : en : vo tre : pré-sen ce : quel que cho-se : de : mal − à − pro pos

et : in di gne : d'un : Chrétien : té moi gnez : par
quel que : si gne : la pei-
ne : que : vous : en : res-
sen tez.

27. Quand : les : pau-
vres : de man dent : à
vo tre : por te : pri ez
vo tre : père : ou : votre
mère : ou : ceux : chez
qui : vous : de meu rez
de : leur : fai re : l'au mô-
ne : pour : l'a mour : de
Dieu : fai tes - la - leur

vous - mê me : lors que yous : le : pou vez.

28. Le : soir : a vant de : vous : al ler : cou- cher : a près : a voir sou hai té : le : bon soir à vos : pè re : et mè re ou : au tres : met tez- vous : à : ge noux : au- près de : vo tre : lit : ou de vant : quel que : i ma- ge : et : di tes : vo tre Pri è re : a vec : at ten- tion : et dé vo tion.

En sui te : pre nez de l'eau : bé ni te : et fai- tes : le : si gne : de : la sain te : Croix : sur : vous et : sur : vo tre : lit.

29. Le : ma tin : en vous : le vant : fai tes le : si gne : de : la : sain te Croix : et : é tant : ha- bil lé : met tez – vous : à ge noux : et : di tes : dé- vo te ment : la : Pri è re du : ma tin : en sui te sou hai tez : le : bon jour

à : vos pè re : et : mè re et : au tres : per son nes : de la : mai son.

30. Tous : les : jours si : vous : le : pou vez en ten dez : la : sain te Mes se : dé vo te ment et : à : ge noux : et : le- vez – vous : quand : le Prê tre : dit : l'É- van- gi le.

31. Quand : vous : en- ten drez : son ner : l'An- ge lus : ré ci tez – le.

32. Soyez : toujours prêt : à : aller : à l'École : et : apprenez : soigneusement : les : choses : que : vos : maîtres vous : enseignent : soyez - leur bien : obéissant : et : respectueux.

33. Gardez - vous bien : de : mentir : en quelque : manière que : ce : soit : car : les menteurs : sont : les

en fants : du : dé mon qui : est : le : pè re : du men son ge.

34. Sur : tout : gardez — vous : de : dé ro ber au cu ne : cho se : ni chez : vous : ni : ail leurs par ce : que : c'est offen ser : Dieu : c'est : se ren dre : o dieux : à : tout : le mon de : et : pren dre le : che min : d'u ne : mort in fâ me.

35. En fin : tous : vos

prin ci paux : soins : tan-
dis : que : vous : vi vez
en : ce : mon de : doi vent
ten dre : à : vous : ren dre
a gré a ble : à : Dieu : et : à : ne
le : point : of fen ser : a fin
qu'a près : cet te : vie : mortel le : vous : so yez : pré ser-
vé : de : l'en fer : et : pos sé-
diez : la : gloi re : du : pa ra-
dis. Ain si : soit - il.

En entrant dans l'Église.

Divin Jésus, je crois que vous êtes ici présent : je vous adore, je vous loue, je vous reconnais pour mon Créateur et mon Sauveur, et j'unis mes humbles adorations à celles que la très-sainte Vierge, les Anges et les Saints vous rendent dans le ciel, et j'offre à la très-sainte Trinité celles que vous lui rendez dans le très-saint Sacrement de l'Autel.

Loués....

Notre Père...

Je vous salue....

PRIÈRES

DURANT LA MESSE.

Au Commencement de la Messe.

Faites-moi la grâce, ô mon Dieu, d'entrer dans les dispositions où je dois être pour vous offrir dignement, par les mains du Prêtre, le Sacrifice redoutable auquel je vais assister. Je vous l'offre en m'unissant aux intentions de Jésus-Christ et de son Église : 1° pour rendre à votre divine Majesté l'hommage souverain qui lui est dû; 2° pour vous remercier de tous vos bienfaits; 3° pour vous demander avec un cœur contrit la rémission de mes péchés; 4° enfin, pour obtenir tous les secours qui me sont nécessaires pour le salut de mon âme et la vie de mon corps. J'espère toutes ces grâces de vous, ô mon Dieu, par les mérites de Jésus-Christ votre Fils, qui veut bien être lui-même le Prêtre et la victime de ce Sacrifice adorable.

Au Confiteor.

Quoique pour connaître mes péchés, ô mon Dieu, vous n'avez pas besoin de ma confession, et que vous lisiez dans mon cœur toutes mes iniquités, je vous les confesse néanmoins à la face du ciel et de la terre; j'avoue que je vous ai offensé par mes pensées, paroles et actions. Mes péchés sont grands, mais vos miséricordes sont infinies. Ayez compassion de moi, ô mon Dieu souvenez-vous que je suis votre enfant, l'ouvrage de vos mains, et le prix de votre sang. Vierge Sainte, Anges du ciel, Saints et Saintes du Paradis, priez pour nous ; et pendant que nous gémissons dans cette vallée de misères et de larmes, demandez grâce pour nous, et nous obtenez le pardon de nos péchés.

A *l'Introït.*

Seigneur, qui avez inspiré aux Patriarches et aux Prophètes des désirs si ardents de voir descendre votre Fils unique sur la terre, donnez-moi quelque portion de cette sainte ardeur ; et faites que malgré les embarras de cette vie mortelle, je ressente en moi un saint empressement de m'unir à vous.

Au Kyrie, eleison.

Je vous demande, ô mon Dieu, par des gémissements et des soupirs réitérés, que vous me fassiez miséricorde, et quand je vous dirais à tous les moments de ma vie, *Seigneur, ayez pitié de moi,* ce ne serait pas encore assez pour le nombre et pour l'énormité de mes péchés.

Au *Gloria in excelsis Deo.*

La gloire que vous méritez, ô mon Dieu, ne vous peut être dignement rendue que dans le ciel ; mon cœur fait néanmoins ce qu'il peut sur la terre au milieu de son exil : il vous adore, il vous bénit : il vous loue, il vous glorifie, il vous rend grâces, et vous reconnaît pour le Saint des Saints, et pour le seul Seigneur souverain du ciel et de la terre, en trois

Personnes, Père Fils et Saint-Esprit.

Aux *Oraisons*.

Recevez, Seigneur, les Prières qui vous sont adressées pour nous ; accordez-nous les grâces et les vertus que l'Eglise, notre mère, vous demande par la bouche du Prêtre en notre faveur. Il est vrai que nous ne méritons pas d'être exaucés ; mais considérez que nous vous demandons ces grâces par Jésus-Christ votre Fils, qui vit et règne avec vous dans tous les siècles des siècles. AMEN.

Pendant l'Épître.

C'est vous, Seigneur, qui avez inspiré aux prophètes et aux Apôtres les vérités qu'ils nous ont laissées par écrit ; faites-moi part de leurs lumières et allumez en mon cœur ce feu sacré, dont ils ont été embrasés, afin que comme eux je vous aime et je vous serve sur la terre tous les jours de ma vie.

A l'Évangile.

Je me lève, ô souverain

Législateur, pour vous marquer que je suis prêt à défendre aux dépens de tous mes intérêts et de ma vie même, les grandes vérités qui sont contenues dans le saint Evangile. Donnez-moi, Seigneur, autant de force pour accomplir votre divine parole que vous m'inspirez de fermeté pour la croire.

Pendant le *Credo*.

Oui, mon Dieu, je crois toutes les vérités que vous avez révélées à votre sainte Eglise : il n'y en a pas une seule par laquelle je ne voulusse donner mon sang ; et c'est dans cette entière soumission, que m'unissant intérieurement à la profession de foi que le Prêtre vous fait, je dis à présent d'esprit et de cœur, comme il vous le dit de vive voix, que je crois fermement en vous et tout ce que l'Eglise croit. Je proteste à la face de vos autels que je veux vivre et mourir dans les sentiments de cette foi pure, et dans le sein de l'Eglise Catholique, Apostolique et Romaine.

A l'Offertoire.

Quoique je ne sois qu'une créature mortelle et pécheresse, je vous offre, par les mains du Prêtre, ô vrai Dieu vivant et éternelle, ce pain et ce vin, qui doivent être changés au corps et au Sang de Jésus-Christ votre Fils. Recevez, Seigneur, ce sacrifice ineffable en odeur de suavité, et souffrez que j'unisse à cette oblation sainte le sacrifice que je vous fait de mon corps, de mon âme et de tout ce qui m'appartient. Changez-moi, ô mon Dieu, en une nouvelle créature comme vous allez changer par votre puissance ce pain et ce vin.

Au *Lavabo*.

Lavez - moi, Seigneur, dans le sang de l'Agneau qui va vous être immolé, et purifiez jusqu'aux moindres souillures de mon âme, afin qu'en m'approchant de votre saint Autel, je puisse élever par vous des mains pures et innocentes, comme vous me l'ordonnez.

Pendant la Secrète.

Recevez, ô mon Dieu, le Sacrifice qui vous est offert pour l'honneur et la gloire de votre saint nom, pour notre propre avantage, et pour celui de votre sainte Eglise. C'est pour entrer dans ses intentions, que je vous demande toutes les grâces qu'elle vous demande maintenant par le ministère du Prêtre auquel je m'unis, pour les obtenir de votre divine bonté, par Jésus-Christ notre Seigneur.

A la Préface.

Détachez-nous, Seigneur, de toutes les choses d'ici-bas; élevez nos cœurs vers le ciel, attachez-les à vous seul et souffrez qu'en vous rendant les louanges et les actions de grâces qui vous sont dues, nous unissions nos faibles voix aux concerts des esprits bienheureux, et que nous disions dans le lieu de notre exil, ce qu'ils chantent dans le séjour de la gloire : *Saint, Saint, Saint est le Seigneur, le Dieu des armées : qu'il soit glorifié au plus haut des cieux.*

Après le *Sanctus*.

Père éternel, qui êtes le souverain Pasteur des Pasteurs, conservez et gouvernez votre Eglise; sanctifiez-la, et répandez-la par toute la terre ; unissez tous ceux qui la composent dans un même esprit et un même cœur, bénissez notre saint Père le Pape, notre Prélat notre Pasteur, et tous ceux qui sont dans la foi de votre Eglise.

Au premier *Memento*.

Je vous supplie, ô mon Dieu, de vous souvenir de mes parents, de mes amis, de mes bienfaiteurs spirituels et temporels. Je vous recommande aussi de tout mon cœur mes ennemis et tous ceux dont je pourrais avoir reçu quelque mauvais traitements : oubliez leurs péchés et les miens ; donnez-leur part aux mérites de ce divin Sacrifice, et comblez-les de vos bénédictions en ce monde et en l'autre.

A l'Elévation de la sainte Hostie.

O Jésus, mon Sauveur, vrai Dieu et vrai homme, je crois fermement que vous êtes réellement présent dans la sainte Hostie. Je vous y adore de tout mon cœur, comme mon Seigneur et mon Dieu. Donnez-moi, et à tous ceux qui sont ici présents, la Foi, la Religion et l'Amour que nous devons avoir pour vous dans ce mystère adorable.

A l'Elévation du Calice.

J'adore en ce Calice, ô mon divin Jésus, le prix de ma rédemption et de celle de tous les hommes. Laissez couler, Seigneur, une goutte de ce sang adorable sur mon âme, afin de la purifier de tous ses péchés, et de l'embraser du feu sacré de votre amour.

Après l'Elévation.

Ce n'est plus du pain et du vin, c'est le Corps adorable et le précieux Sang de Jésus-Christ votre Fils, que nous vous offrons, ô mon Dieu, en mémoire de sa Passion, de sa Résurrection et de son Ascension, recevez-le, Seigneur, et, par ses mérites infinis, remplissez-nous de vos grâces et de votre amour.

Au second *Memento*.

Souvenez-vous aussi, Seigneur, des âmes qui sont dans le Purgatoire ; elles ont l'honneur de vous appartenir, et bientôt elles vous posséderont. Je vous recommande particulièrement celles de mes parents, de mes amis et de mes bienfaiteurs spirituels et temporels, et celles qui ont le plus besoin de Prières.

Au *Pater*.

Quoique je ne sois qu'une misérable créature, cependant, grand Dieu, je prends la liberté de vous appeler mon père, puisque vous le voulez. Faites-moi la grâce, ô mon Dieu, de ne point dégénérer de la qualité de votre enfant, et ne permettez pas que je fasse jamais rien qui en soit indigne. Que votre saint nom soit sanctifié par tout l'univers. Régnez dès à présent dans mon cœur par votre grâce, afin que je puisse régner éternellement avec vous dans la gloire et faire votre volonté sur la terre comme les saints la font dans le ciel. Vous êtes mon Père ; donnez-moi donc, s'il vous plaît, ce pain céleste dont vous nourrissez vos enfants. Pardonnez-moi, comme je pardonne de bon cœur, pour l'amour de vous, à tous ceux qui m'auraient offensé : et ne permettez pas que je succombe jamais à aucune tentation, mais faites que, par le secours de votre grâce, je triomphe de tous les ennemis de mon salut.

A l'Agnus Dei.

Agneau de Dieu, qui avez bien voulu vous charger des péchés du monde, ayez pitié de nous. Seigneur, vos miséricordes sont infinies, effacez donc nos péchés ; et donnez-nous la paix avec nous-mêmes et avec notre prochain, en nous inspirant une profonde humilité, en étouffant en nous tout désir de vengeance.

Au *Domine, non sum dignus*.

Hélas ! Seigneur, il n'est que trop vrai que je ne mérite pas de vous recevoir ; je m'en suis rendu tout-à-fait indigne par mes péchés : je les déteste de tout mon cœur, parce qu'ils vous déplaisent et qu'ils m'éloignent de vous.

Une seule de vos paroles peut guérir mon âme ; ne l'abandonnez pas, ô mon Dieu, et ne permettez pas qu'elle soit jamais séparée de vous.

A la communion du Prêtre.

Si je n'ai pas aujourd'hui le bonheur d'être nourri de votre chair adorable, ô mon aimable Jésus, souffrez au moins que je vous reçoive d'esprit et de cœur, et que je m'unisse à vous par la Foi, par l'Espérance et par la Charité. Je crois en vous, ô mon Dieu, j'espère en vous, et je vous aime de tout mon cœur.

Quand le Prêtre ramasse les particules de l'Hostie.

La moindre partie de vos grâces est infiniment précieuse ô mon Dieu. Je l'ai dit : Je ne mérite pas d'être assis à votre table comme votre enfant ; mais permettez-moi au moins de ramasser les miettes qui en tombent, comme la Chananée le désirait ; faites que je ne néglige aucune de vos inspirations ; puisque cette négligence pourrait vous obliger de m'en priver entièrement.

Pendant les dernières Oraisons.

Très-sainte et très-adorable Trinité, Père, Fils et Saint-Esprit, qui êtes un seul et vrai Dieu en trois Personnes, c'est pour vous que nous avons commencé ce Sacrifice, c'est pour vous que nous le finissons : ayez-le pour agréable, et ne nous renvoyez pas sans nous avoir donné votre sainte bénédiction.

Pendant le dernier Evangile.

Verbe éternel, par qui toutes choses ont été faites, et qui, vous étant fait homme pour l'amour de nous, avez institué cet auguste Sacrifice, nous vous remercions très-humblement de nous avoir fait la grâce d'y assister aujourd'hui. Que tous les Anges et tous les Saints vous en louent à jamais dans le ciel. Pardonnez-moi, ô mon Dieu, la dissipation où j'ai laissé aller mon esprit, et la froideur que j'ai ressentie en mon cœur dans un temps où il devait être tout occupé de vous, et tout embrasé d'amour pour vous. Oubliez, Seigneur, mes péchés pour lesquels Jésus-Christ votre Fils vient d'être immolé sur cet autel : ne permettez pas que je sois assez malheureux pour vous offenser davantage; mais faites que marchant dans les voies de la justice, je vous regarde sans cesse comme la règle et la fin de toutes mes pensées, de toutes mes paroles et de toutes mes actions.

Ainsi soit-il.

ABRÉGÉ

DE CE QU'IL FAUT SAVOIR, CROIRE ET PRATIQUER POUR ÊTRE SAUVÉ.

1. Il n'y a qu'un Dieu ; il ne peut y en avoir plusieurs. Dieu possède toutes les perfections ; il est infiniment saint, juste, bon : il est tout-puissant, souverain, éternel, c'est-à-dire qu'il a toujours été et sera toujours. Dieu est un pur esprit, il n'a point de corps, on ne peut le voir ; il connaît tout, jusqu'à nos plus secrètes pensées.

2. Il y a en Dieu trois personnes réellement distinctes

l'une de l'autre : la première, le Père ; la seconde, le Fils ; la troisième, le Saint-Esprit.

Le Père est Dieu, le Fils est Dieu, le Saint-Esprit est Dieu ; cependant ce ne sont pas trois Dieux ; mais trois Personnes égales en toutes choses ; qui ne sont qu'un seul et même Dieu, parce qu'elles n'ont qu'une même nature et essence divine. C'est là ce qu'on appelle le Mystère de la Très-Sainte Trinité.

3. C'est Dieu qui a créé le Ciel et la terre, et tout ce qu'ils renferment ; il les a

faits de rien par sa seule volonté. Il a créé les Anges : les uns ont péché par orgueil, et sont dans l'enfer; les autres, restés attachés à Dieu, sont heureux dans le ciel. Dieu a fait les astres, la terre, les animaux, les plantes pour l'usage de l'homme ; mais il a fait l'homme à son image, et *uniquement* pour connaître, aimer, servir son Dieu sur la terre, et par ce moyen gagner le Paradis.

4. Le premier homme et la première femme désobéirent à Dieu, et se rendirent coupables, eux et tous leurs

descendants, et c'est à cause de la désobéissance de nos premiers parents que nous apportons tous, en venant au monde, le péché originel. En punition de ce péché, ils méritèrent, pour eux et pour tous leurs descendants, ou pour tous les hommes, les souffrances, les peines, la mort, la colère de Dieu, et la damnation éternelle.

5. Dieu, cependant, voulut bien offrir aux hommes le pardon et même le Ciel, et pour cela la seconde personne de la Très-Sainte Trinité, le Fils de Dieu, se fit hom-

me ; il prit un corps et une âme pour souffrir, et, par ce moyen, payer à la justice de Dieu ce que nous lui devions, et nous délivrer de la puissance du démon. Le Fils de Dieu fait homme s'appelle Jésus-Christ.

6. Ainsi, dans la Très-Sainte-Trinité, le Père est vrai Dieu, mais pas homme ; il n'a pas de corps, il en est de même du Saint-Esprit, mais le Fils, vrai Dieu comme le Père et le Saint-Esprit, s'est fait homme pour nous racheter ; il a toujours été Dieu, mais il ne s'est fait homme que

depuis environ mille huit cents ans. Sans lui, nous aurions tous été privés du Ciel.

7. Le Fils de Dieu prit un corps formé par l'opération du Saint-Esprit, dans le sein de la Très-Sainte Vierge Marie, qui ne cessa pas d'être Vierge : c'est le mystère de l'Incarnation ; on en fait la fête le 25 de mars. Il vint au monde la nuit de Noël, dans une étable ; il vécut sur la terre environ trente-trois ans, dans la pauvreté, l'humilité et la pratique de toutes les vertus. Il enseigna l'Evangile, fit un très-grand nom-

bre de miracles pour prouver sa divinité ; et toutes les prophéties par lesquelles Dieu l'avait annoncé aux hommes, s'accomplirent à la lettre dans sa Personne.

8. Il est mort comme Homme-Dieu sur une croix pour nos péchés, le Vendredi-Saint : c'est là le Mystère de la Rédemption ; il s'est ressuscité lui-même le troisième jour après sa mort ; le jour de Pâques, il est monté au Ciel par sa propre vertu, le jour de l'ascension, quarante jours après sa Résurrection ; il en descendra à la

fin du monde, pour juger tous les hommes qui mourront tous et ressusciteront : il donnera le Paradis aux justes ; mais pour ceux qui seront morts en péché mortel, tels que les impies, les jureurs, les vindicatifs, les impudiques, les ivrognes, etc., il les condamnera à l'enfer ; le Ciel et l'enfer dureront éternellement, c'est-à-dire sans fin.

9 L'Eglise est la société de ceux qui professent la véritable Religion enseignée par Jésus-Christ ; c'est l'Église Catholique, Apostolique et

Romaine. Il faut obéir à ceux qui la gouvernent par l'autorité de Jésus-Christ; ce sont les Evêques et spécialement N. S. P. le Pape, qui, comme Chef, Successeur de S. Pierre et Vicaire de Jésus-Christ, a l'autorité sur tous les Evêques et sur tous les Fidèles ; c'est le seul moyen de ne pas tomber dans l'erreur, selon la promesse de Jésus-Christ. Hors de l'Eglise point de salut ; ainsi tous ceux qui n'appartiennent pas à l'Eglise, ou qui ne lui obéissent pas seront damnés. L'Eglise est composée de Saints qui sont dans le Ciel, des âmes qui sont en Purgatoire, et des Fidèles qui sont sur la terre; nous participons aux mérites des Saints et des Fidèles, et nous pouvons soulager les âmes du Purgatoire par nos Prières et nos bonnes œuvres.

Toutes ces vérités sont renfermées dans le Symbole des Apôtres : Je crois en Dieu, etc. On doit les croire fermement, non sur la seule parole des hommes qui les annoncent, mais parce qu'elles ont été révélées de Dieu même, et qu'elles sont enseignées par l'Eglise qui est infaillible.

10. Pour se sauver, il faut non-seulement croire fermement toutes ces vérités, mais il faut encore vivre chrétiennement ; il faut observer les Commandements de Dieu et de l'Eglise, pratiquer les vertus et fuir le péché.

Il y a dix Commandements de Dieu ; le premier nous oblige de l'aimer, de l'adorer lui seul, et d'aimer le prochain comme nous-mêmes, pour l'amour de Dieu ; le second, d'honorer son saint Nom, et nous défend de le profaner par des jurements; le troisième nous ordonne d'employer le Dimanche à la prière et aux bonnes œuvres; et nous défend les travaux serviles; le quatrième ordonne d'honorer Pères et Mères et tous les Supérieurs; le cinquième défend de tuer et de faire mal à personne, de donner mauvais exemple, de dire ou penser mal de personne, et ordonne de pardonner à tous; le sixième défend toute impureté, et tout ce qui y peut conduire; le septième défend de prendre et de retenir le bien des autres, et de leur causer aucun dommage ; le huitième défend de porter faux témoignage et de mentir ; le neuvième défend le désir des mauvaises actions défendues par le sixième Commandement, et de s'arrêter à aucune pensée deshonnête ; le dixième défend de désirer injustement le bien des autres.

L'Eglise ordonne principalement six choses : 1° de sanctifier les fêtes qu'elle commande ; 2° d'assister à la Messe avec attention, les Dimanches et les Fêtes ; 3° de se confesser au moins une fois l'an ; 4° de communier au moins une fois l'an, à sa paroisse, dans la quinzaine de Pâques ; 5° de jeûner les Quatre-Temps, les Vigiles et tout le Carême ; 6° de s'abstenir de manger gras les Vendredis, les samedis, et autres jours d'abstinence.

11. Mais pour obéir à Dieu et à l'Église, nous avons absolument besoin de la grâce de Dieu, et pour l'obtenir, il faut la lui demander souvent par d'humbles et ferventes prières, et toujours au nom de Jésus-Christ. La

plus excellente des Prières, c'est *Notre Père, etc.*, parce que Jésus-Christ lui-même l'a enseignée. Il est encore très-utile d'invoquer la Très-Sainte Vierge et les Saints, parce qu'ils peuvent beaucoup nous aider par leur intercession.

12. Jésus-Christ a institué les Sacrements pour nous donner sa grâce, en nous appliquant les mérites de ses souffrances et de sa mort ; il y en a sept : le Baptême, la Confirmation, la Pénitence, l'Eucharistie, l'Extrême-Onction, l'Ordre et le Mariage.

13. Il y en a trois qu'il est plus essentiel de connaître, savoir le Baptême, sans lequel personne n'est sauvé : toute personne peut baptiser en cas de dangers de mort ; il faut pour cela verser de l'eau naturelle sur la tête : elle doit couler sur la peau, et non pas seulement sur les cheveux, et la même personne dit au moment qu'elle la verse : Je te baptise au nom du Père, et du Fils, et du Saint-Esprit. Le Baptême efface en nous le péché originel, nous donne la vie de la grâce, et nous fait en-

fants de Dieu et de l'Eglise.

14. Le Sacrement de Pénitence est établi pour remettre les péchés commis après le Baptême; mais, pour en obtenir le pardon par ce Sacrement, il faut les confesser tous, du moins les mortels sans en cacher un seul; avoir une très-grande douleur d'avoir offensé Dieu ; demander très-instamment cette douleur à Dieu, être fermement résolu de ne les plus commettre, et d'en quitter les occasions; enfin, être décidé à faire les réparations et pénitences

que le Prêtre impose. Si une seule de ces dispositions manque, l'absolution reçue est un grand crime de plus, et un sacrilége.

15. L'Eucharistie est le plus auguste de tous les Sacrements, parce qu'il contient Jésus-Christ tout entier, vrai Dieu et vrai Homme ; son corps, son sang, son âme, sa divinité ; à la Messe, par les paroles de la consécration que le Prêtre prononce, la substance du pain et du vin est changée au corps de Jésus-Christ, et il n'en reste, plus que les apparences.

Ainsi, lorsque le Saint-Sacrement est exposé sur l'Autel, ou lorsqu'il est dans le Tabernacle, c'est Jésus-Christ réellement présent qu'on adore; et quand on communie, c'est Jésus-Christ qu'on reçoit pour être la nourriture spirituelle de l'âme. Ce n'est pas son image, ni sa figure, comme sur un Crucifix, mais c'est Jésus-Christ lui-même, c'est-à-dire le même Fils de Dieu, le même Jésus-Christ qui est né de la très-sainte Vierge Marie, qui est mort pour nous sur la Croix, qui est ressuscité, monté au ciel, qui est dans la Sainte Hostie aussi véritablement qu'il est aux Cieux. Pour bien communier, il faut n'avoir sur la conscience aucun péché mortel ; s'il y en avait un seul, on commettrait un énorme crime, un sacrilége ; on mangerait et boirait, dit saint Paul, son jugement et sa condamnation.

16. Il faut mourir ; le moment de notre mort est incertain, de ce moment dépend notre bonheur ou malheur éternel ; le Paradis ou l'Enfer sera notre partage

pour toujours, selon l'état de grâce ou de péché où nous nous trouverons à la mort.

Pensons-y bien.

17. Les principales vertus d'un Chrétien sont : la Foi, l'Espérance et la Charité ; 1° la Foi est un don de Dieu, par lequel nous croyons fermement toutes les vérités qu'il a révélées à son Eglise ; 2° l'Espérance est un don de Dieu, par lequel nous attendons avec confiance le Ciel et les grâces pour y parvenir ; 3° la Charité est un don de Dieu, par lequel nous aimons Dieu par-dessus toutes cho-

ses, pour l'amour de lui-même, et notre prochain comme nous-mêmes pour l'amour de Dieu.

Tout Chrétien est obligé de faire souvent des Actes de Foi, d'Espérance et de Charité, dès qu'il a l'usage de la raison, et lorsqu'il est en danger de mort.

LES COMMANDEMENTS DE DIEU.

1. Un seul Dieu tu adoreras,
   Et aimeras parfaitement.
2. Dieu en vain tu ne jureras,
   Ni autre chose pareillement.
3. Les Dimanches tu garderas,
   En servant Dieu dévotement.
4. Tes père et mère honoreras,
   Afin que tu vives longuement.
5. Homicide point ne seras,
   De fait, ni volontairement.
6. Luxurieux point ne seras,
   De corps ni de consentement
7. Le bien d'autri tu ne prendras,
   Ni retiendras aucunement.
8. Faux témoignage ne diras,
   Ni mentiras aucunement.
9. L'œuvre de chair ne désireras,
   Qu'en mariage seulement.
10. Bien d'autrui tu ne convoiteras,
    Pour les avoir injustement.

LES COMMANDEMENTS DE L'ÉGLISE

1. Les fêtes tu sanctifieras,
   Qui te sont de commandement.
2. Les Dimanches la messe ouïras,
   Et les fêtes pareillement.
3. Tous tes péchés confesseras,
   A tout le moins une fois l'an.
4. Ton créateur tu recevras,
   Au moins à paques humblement.
5. Quatre-Temps Vigiles, jeuneras,
   Et le carême entièrement.
6. Vendredi chair ne mangeras,
   Ni le samedi mêmement.

LIMOGES. — IMPRIMERIE DE CHARLES BARBOU.

www.ingramcontent.com/pod-product-compliance
Lightning Source LLC
Chambersburg PA
CBHW070243100426
42743CB00011B/2113